Horst Nagel

Mantras zur Heilung von Burnout

88 Lieder mit Gitarrenakkorden

Horst Nagel

Mantras zur Heilung von Burnout

IMPRESSUM

Schamanisch- astrosophisches Zentrum
Horst Nagel
Am Wingert 9
61231 Bad Nauheim
www.schamastro.de.vu

Einbandgestaltung: Books on Demand
Titelfoto: „Kraft der Farbe", Acryl von Waltraud Kujath

Herstellung und Verlag:
Books on Demand GmbH, Norderstedt
ISBN: 9783842347700

Inhaltsverzeichnis / Liederverzeichnis

Vorwort

Burnout ist eine körperliche, emotionale und geistige Erschöpfung aufgrund beruflicher Überbelastung und wird meist durch Stress ausgelöst, der nicht bewältigt werden kann.
Anreize von Einkommen, Status und Macht verleiten zur Übernahme von Aufgaben, für die man nicht geeignet ist und aus denen man keine innere Befriedigung schöpfen kann.   *(Wikipedia)*

„Es gibt ein erhebliches Potential von Heilungskräften im Inneren des Menschen, die zur Gesunderhaltung oder Unterstützung bei der Heilung von Krankheiten eingesetzt werden könnten. Viele Menschen haben den Wunsch, eigene innere Kräfte gezielter und bewusster zu nutzen. Mantras stellen hierbei eine wichtige Hilfe dar." (www.licht-liebe.at)

Mantras wollen das Herz öffnen und die Seele nähren. Jedes Mantra dient einem speziellen Zweck: z. B. dem Gefühl, glücklich zu sein oder dem Wunsch, Gefahren abzuwenden bis hin zum Entwickeln einer positiven Sichtweise.

Die Mantras dieses Buches kann jeder leicht erlernen. Sie sind musikalisch einfach und haben wenig Text. Wer keine Notenkenntnis hat, kann anhand einer CD (erhältlich über meine Adresse für 7 Euro) die eingängigen Melodien aller 88 Mantras dieses Buches erlernen.

Von den vielen Definitionen zur Wirkung von Mantras habe ich zwei für dich ausgewählt:
Mantras sind ein Ruf des Herzens, der durch das Herz beantwortet wird.
Mantras sind „Werkzeuge des Geistes" . Damit sind sie befähigt, bei der Heilung zu helfen. Du bist der Gestalter deines Lebens. Du kannst deinen Geist programmieren für ein gesundes Leben.

Die ursprünglichen Mantras waren Silben oder Worte, die von göttlicher Kraft erfüllt sind. Von Beginn an wurden sie hauptsächlich zum Schutz vor Geistern, Gefahren oder Krankheiten eingesetzt. Die Geister, die uns heutzutage bedrängen, sind anderer Natur als damals: Druck in der Arbeitswelt; Druck sich selbst gegenüber, um perfekt zu sein; menschliche Gier etc. Die Gefahren lauern nicht mehr in der Wildnis, sondern z. B. am Arbeitsplatz oder in ungesunden Stoffen in unnatürlichen Nahrungsmitteln oder in einer Reizüberflutung.

Mantras helfen, das Denken zu entspannen und den Körper zu entstressen. Sie sind geeignet, den Ausgebrannten mit neuer Energie anzureichern, dem Eingeengten neuen Platz zu verschaffen, dem ins Stocken Geratenen Schritt für Schritt den Weg in die Freiheit, z. B. heraus der Krankheit zu zeigen, sein körperliches Ungleichgewicht wieder ins Lot zu bringen, den Geist zu entspannen und seine Emotionen zu besänftigen. Sie geben dem Mutlosen das Gefühl zurück, nicht allein zu sein, sondern helfen ihm, sich und seine Welt zu entdecken und zu schätzen. So dürfen wir immer noch und immer wieder die heilende Kraft der Mantras nutzen.

Es gibt ein berühmtes Beispiel über die schützende und heilende Funktion von Mantras:
1945 warfen Amerikaner eine Atombombe über Hiroschima ab, welche eine verheerende Wirkung hatte. Es wird berichtet, dass das Mantra OM NAMAH SHIVAYA während und nach dem Abwurf dieser Atombombe im Inferno von Hiroschima von einer Gruppe von sehr tief im Glauben verwurzelter Menschen gesungen wurde. Sie überlebten in einem Stadtbezirk, wo alle anderen Menschen verstrahlt wurden.

Die heilende Kraft eines Mantras wird u. a. durch seine häufige Wiederholung erreicht, weil so die wandernden Gedanken an das Mantra gebunden werden, so dass es vollkommen im Bewusstsein gegenwärtig wird.

Mantras sind jedoch keine todernste Angelegenheit. Sie dürfen schwungvoll, lebendig und voller Freude gesungen werden.
Das Beste ist das Singen innerhalb einer Gruppe mit Trommelbegleitung, weil Heilung durch gruppendynamische Prozesse gefördert wird. Singen in der Natur ist genauso empfehlenswert.
Aber du kannst Mantras auch still in dich hineinsingen, z. B. nachdem du ins Bett gegangen bist. Dabei kannst du dir auch einen heilenden Singkreis vorstellen, in welchen du dich selbst hineinstellst.

Singen ist das Atmen der Seele. Wenn die Seele atmet, schaltet man ab; man kann dann nicht mehr über seinen Burnout nachdenken.

Nutze Mantras für deine seelische und körperliche Selbstheilung; sie sind jedoch kein Ersatz für ärztliche oder therapeutische Behandlungen.

Sei versichert, der Autor weiß beim Thema BURNOUT, von was er spricht, er hat es selbst erlitten. Die von ihm komponierten Mantras dieses Liederbuches entstanden oftmals bei eigenen Selbstheilungsprozessen.

Möge Heilung für dich geschehen!

I

Begrüße jeden neuen Tag

Beginne den Tag mit Liebe.
Beginne ihn mit einem Lied im Herzen.
Nimm an, was jeder neue Tag dir bringt.

Stelle dir vor, du bist die Sonne. Schau, die Sonne wärmt und heilt alle. Sie ist trotzdem nicht egoistisch, weil sie keinem etwas aufdrängt. (Carlo Zumstein)

Du steckst in der Burnout-Finsternis der Nacht. Dank deiner Anstrengungen siehst du die ersten Sonnenstrahlen des neuen Tages. Dort wartet Gesundheit auf dich. Dort warten neue sinnvolle Lebenseinstellungen auf dich.

Begrüße jeden Tag deine Lern- und Gesundungsfortschritte. Habe keine Angst vor neuen Erfahrungen.
Setze dich mit dem auseinander, was dich interessiert. Begrenze die Einflüsse von außen, übernehme Verantwortung für **dein** Leben. Lasse dich nicht von außen reglementieren.

Wenn du etwas möchtest, dann kümmerst du dich selbst darum. Aber du hast Geduld mit dir und den Menschen, von denen du etwas willst. Es ist nicht zwingend, dass dein Leben, dein Arbeitsleben von Stress bestimmt ist, erspare ihn dir und den anderen.

Auch das bringt dir der neue Tag:
Wenn dein Geist oder dein Körper eine Auszeit benötigen, dann nimm sie dir. Achte auf deine Intuitionen. Bist du erholt, kommen Neugierde und Entdeckerfreude von selbst zurück.

Man benötigt diese Pausen, diese scheinbare Langeweile, dieses Nichtstun, damit neue Kreativität entstehen kann.
Du lernst deine eigenen Kräfte kennen und gehst mit ihnen realistisch um. Du weißt, dass du kein Träumer bist, sondern offen und respektvoll gegenüber verschiedenen Wegen.

Singe dem neuen Tag dein Lied. Freue dich, dass Altes zusammenbricht. Freue dich, dass die Burnout-Finsternis überstrahlt wird von einer neuen Kreativität und Flexibilität. Begrüße und feiere den neuen Tag.
Feiere dich!

Musik betrachte ich als Nahrung für die Seele. Musik ist eine universelle Notwendigkeit für unser Dasein. Man kann mit Musik vermitteln, dass das Leben viel einfacher ist, als die meisten denken. *(Aloe Blacc)*

1   Beginn den Tag in Liebe   T & M: Horst Nagel

Be-ginn' den Tag in Lie - be, ver-bring' den Tag im Son - nen - schein. Fül-le den Tag mit Lie - be, das ist der Weg zu Gott. Weg zu Gott.

2   Guten Morgen, neuer Tag   T & M: Horst Nagel

Gu-ten Mor-gen, neu-er Tag, ich bin er-wacht mit ei-nem Lied im Her-zen. Gu-ten Mor-gen, neu-er Tag. Du wirst ein - zig - ar - tig wer - den.

3 Beginne jeden Tag mit einem Lied

TA: Deepak Chopra
M: Horst Nagel

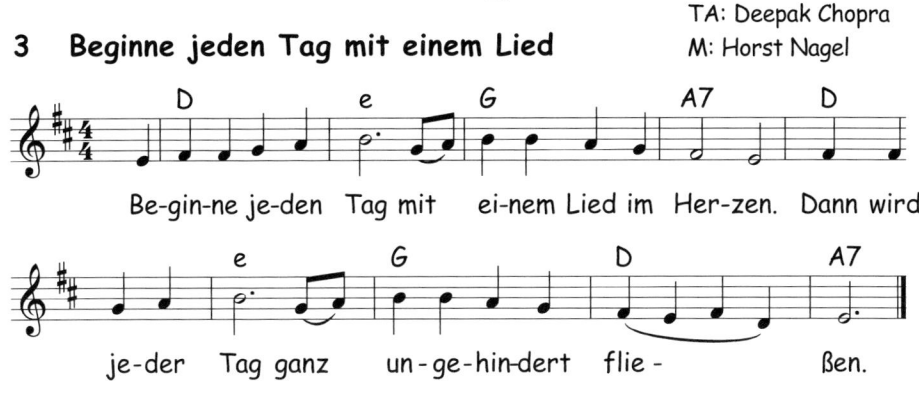

D e G A7 D
Be-gin-ne je-den Tag mit ei-nem Lied im Her-zen. Dann wird
e G D A7
je-der Tag ganz un-ge-hin-dert flie - ßen.

4 Ich nehme an

TA: Phil Bosmans M: Horst Nagel

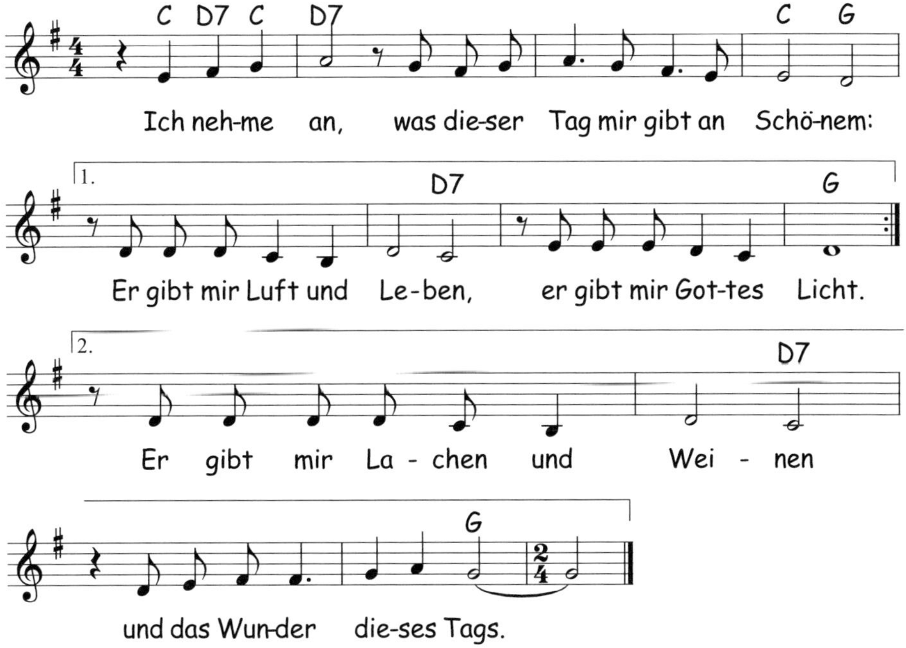
C D7 C D7 C G
Ich neh-me an, was die-ser Tag mir gibt an Schö-nem:
1.
D7 G
Er gibt mir Luft und Le-ben, er gibt mir Got-tes Licht.
2.
D7
Er gibt mir La - chen und Wei - nen
G
und das Wun-der die-ses Tags.

5 The dawning of a new day

Traditionell

The dawn-ing of a new day is com-ing.

Gol-den light is flow-ing all o - ver the earth. earth.

Ein neuer Tag dämmert herauf.
Goldenes Licht überflutet die Erde.

Eine Neue Zeit bricht an.
Das Licht lässt sich nicht aufhalten.

6 Wendeyaho

Indianisches Morgenlied - Robbie Robertson

Wen-de-ya ho wen-de-ya ho. wen-de-ya, wen-de-ya

Hey hey hey hey hey ya ho hey ya ho ya ya ya

7 Own shee mala

Indianisches Morgenlied

Own shee ma - la hey-a ho, hey-a, hey-a, hey-a,

Own shee ma - la hey-a ho, hey-a, hey-a, hey-a.

8 Guate Leno Leno Mahote   Von den Indianern Nordamerikas

Gu-a-te Le-no Le-no Ma-ho-te Hay- a-no Hay- a-no

Hay- a-no   We are one with the in-fi-nite sun. For -

e-ver, for-e-ver, for - e - ver.

Wir sind für immer eins mit der unendlichen Sonne, sind Teil des Universums

9 Sonne, die am Himmel scheint   TA: Osho   M: Horst Nagel

Son-ne, die am Him-mel scheint, scheint auch in mir. mir. Ich

dan-ke der Son-ne in   mir. Ich   dan-ke der Son-ne in   mir.

II

Träume und singe dich ins Leben

Träume und singe dich ins Leben, aber tu dies geerdet. Hat dir das Burnout den Boden unter den Füßen weggezogen, dann komme wieder auf die Beine, nimm tanzend den dir zustehenden Platz in deinem Leben ein.

Verwurzele dich wieder!
Stärke deinen Standpunkt!
Lausche dem Lied deines Lebens.
Träume und tanze dein Leben.
Stärke deinen Lebensmut.
Fühle dich frei.

Träume und singe dich ins Leben, um wieder zu erfahren, wie gut es ist, im Fluss des Lebens zu sein, wie gut es ist, mit dem Lebenssinn verbunden zu sein. Viele vom Burnout Betroffene haben den Kontakt zu sich selbst verloren, weil sie im falschen Fluss schwimmen. Kehre in den Fluss deines Lebens zurück. Nutze dabei Mantras als wirksame Helfer. Sie helfen dir, Strudel und Stromschnellen zu überwinden.

10 Ich will träumen

T & M: Horst Nagel

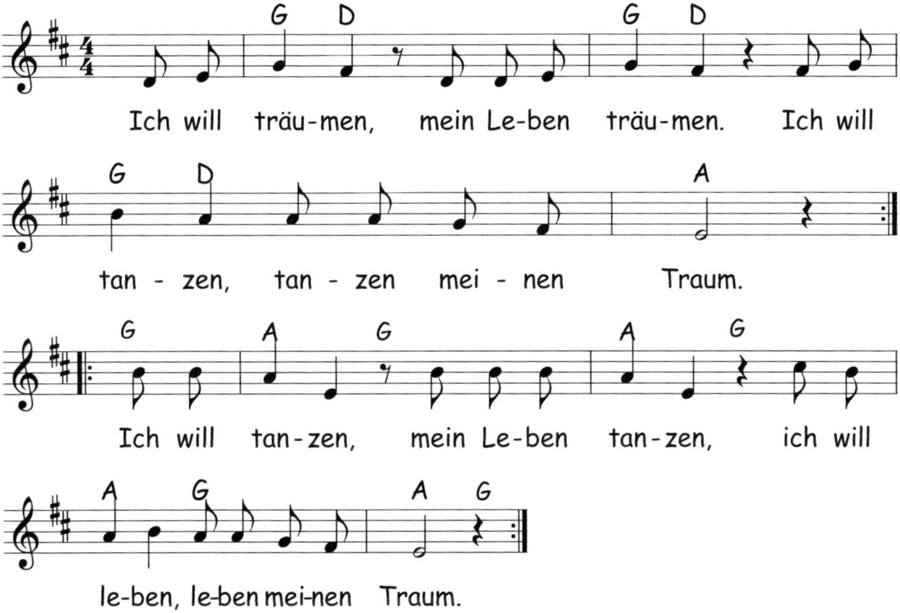
G D G D
Ich will träu-men, mein Le-ben träu-men. Ich will
G D A
tan - zen, tan - zen mei - nen Traum.
G A G A G
Ich will tan-zen, mein Le-ben tan-zen, ich will
A G A G
le-ben, le-ben mei-nen Traum.

11 Bin verwurzelt im Körper

T & M: Horst Nagel

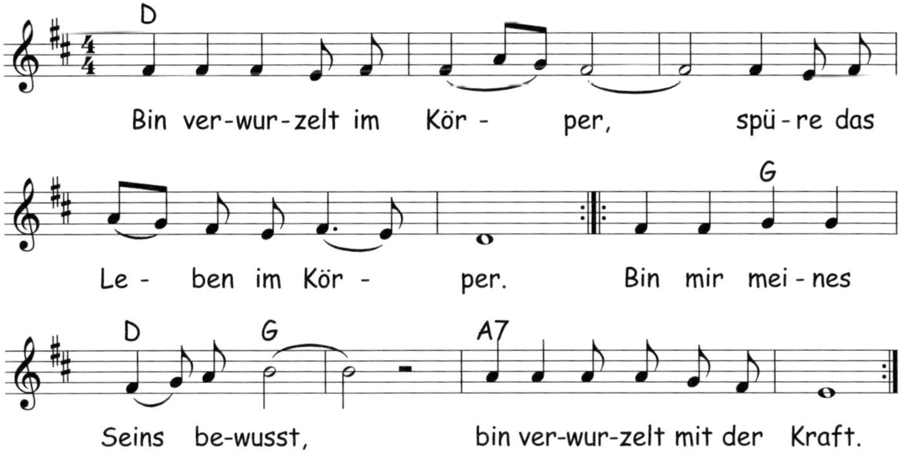
D
Bin ver-wur-zelt im Kör - per, spü - re das
G
Le - ben im Kör - per. Bin mir mei - nes
D G A7
Seins be-wusst, bin ver-wur-zelt mit der Kraft.

12 Heute leben TA: Phil Bosmans   M: Horst Nagel

Heu - te le - ben, heu - te lä - cheln, heu - te

glück - lich sein, heu - te dank - bar sein.

13 The river is flowing Rainbow-Lied indianischen Ursprungs

The ri - ver is flow - ing, flow-ing and grow - ing, the

ri - ver is flow - ing back to the sea.

Mo-ther Earth is carr(y)-ing me, a child I will al-ways be.

Mo-ther Earth is carr(y)-ing me back to the sea.

Der Fluss fließt und wird stärker, er fließt zurück ins Meer.
Mutter Erde trägt mich, ich werde immer ihr Kind sein, zurück zum Meer.

14 Träum' ich am Feuer

TA: Carlo Zumstein   M: Horst Nagel

Träum' ich am Feu-er, träum' ich am Feu-er,
fliegt mei-ne See-le hoch mit dem Rauch.
Hö-re sie sin-gen, in der Fer-ne sin-gen, ih-re
Freu-de sin-gen, dass es mich gibt. Ich gibt.

15   Geh' deinen Weg

TA: Osho   M: Horst Nagel

Geh' dei-nen Weg, lass' die Früch-te rei-fen.
Geh' dei-nen Weg, lass' die Früch-te rei-fen.
Und am En-de steht: Wahr-heit, Wach-heit, Se-lig-keit.

16 Dein Name ist Leben

T & M: Horst Nagel

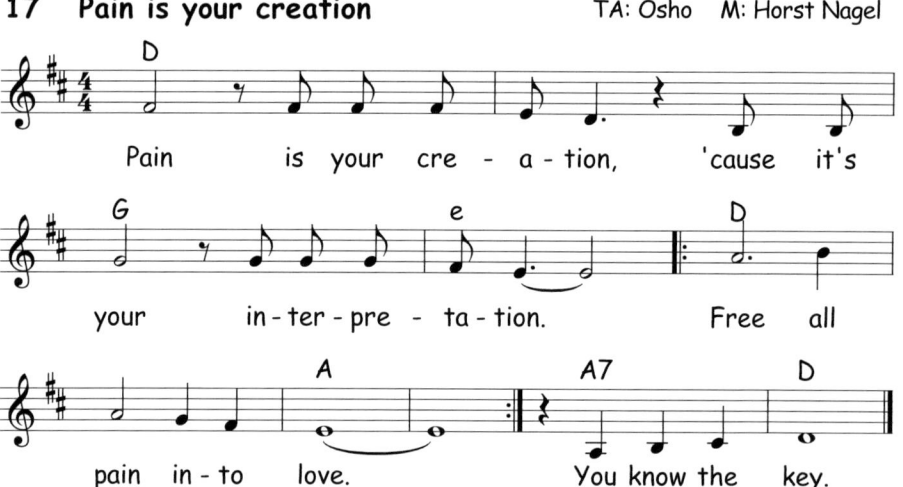

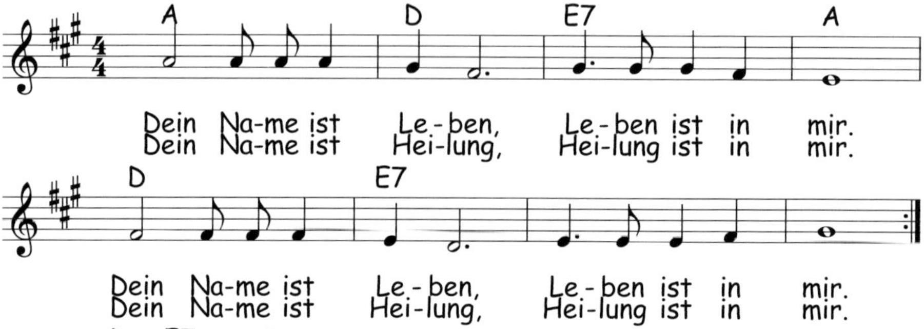
A D E7 A
Dein Na-me ist Le - ben, Le - ben ist in mir.
Dein Na-me ist Hei-lung, Hei-lung ist in mir.
D E7
Dein Na-me ist Le - ben, Le - ben ist in mir.
Dein Na-me ist Hei-lung, Hei-lung ist in mir.

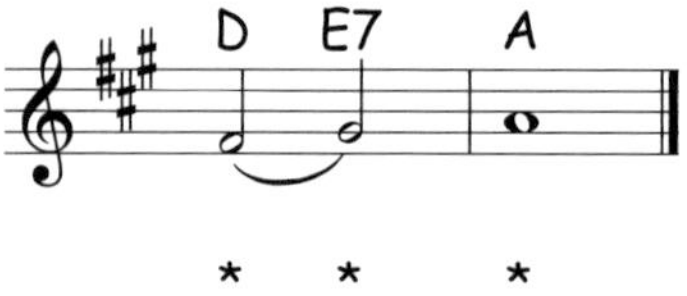
D E7 A
* * *

*Für * * * kann man Jesus oder Krishna oder einen anderen Gottmenschen einsetzen. Man kann den Gottesnamen aber auch weglassen.*

17 Pain is your creation

TA: Osho M: Horst Nagel

D
Pain is your cre - a - tion, 'cause it's
G e D
your in - ter - pre - ta - tion. Free all
A A7 D
pain in - to love. You know the key.

Leiden zu müssen, ist deine Schöpfung, weil es deine Interpretation ist. Verwandle Leiden in Liebe; du kennst den Schlüssel dazu.

18 Vertrauen und Offenheit

T & M: Horst Nagel

Ver - trau-en und Of-fen - heit ver - bin-det die Her - zen.

Gott in mir, Gott in dir.

19 Ich lausche dem Lied

TA: Osho   M: Horst Nagel

Ich lau-sche dem Lied mei-nes Le-bens. Ich

hö - re es in mei - nem Her - zen. Ich

lau - sche dem Lied mei - nes Le - bens. Ich

hö - re: Glau-be, Hoff-nung und Lie - be.

20 Dancing in the light

TA: Osho M: Horst Nagel

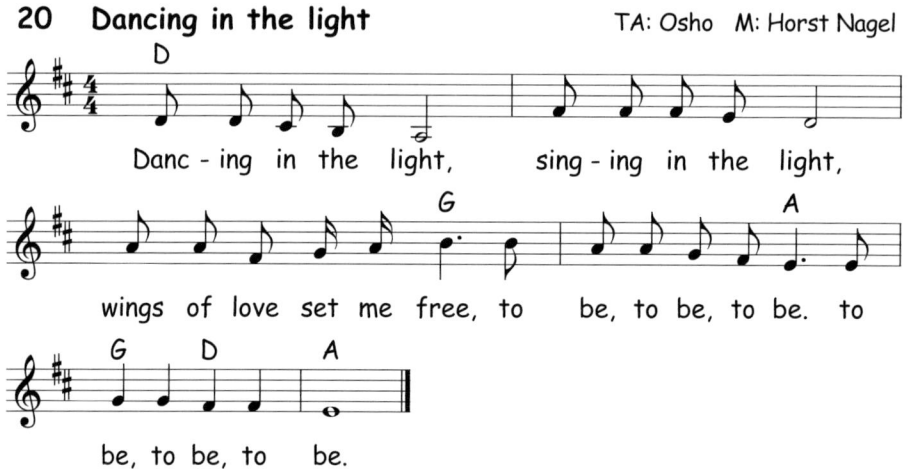

Danc - ing in the light, sing - ing in the light,

wings of love set me free, to be, to be, to be. to

be, to be, to be.

Wenn ich im Licht tanze, wenn ich im Licht singe,
dann machen mich der Liebe Flügel frei, zu sein, einfach nur zu sein.

21 Lasst uns gemeinsam träumen

TA: Dieter Duhm M: Horst Nagel

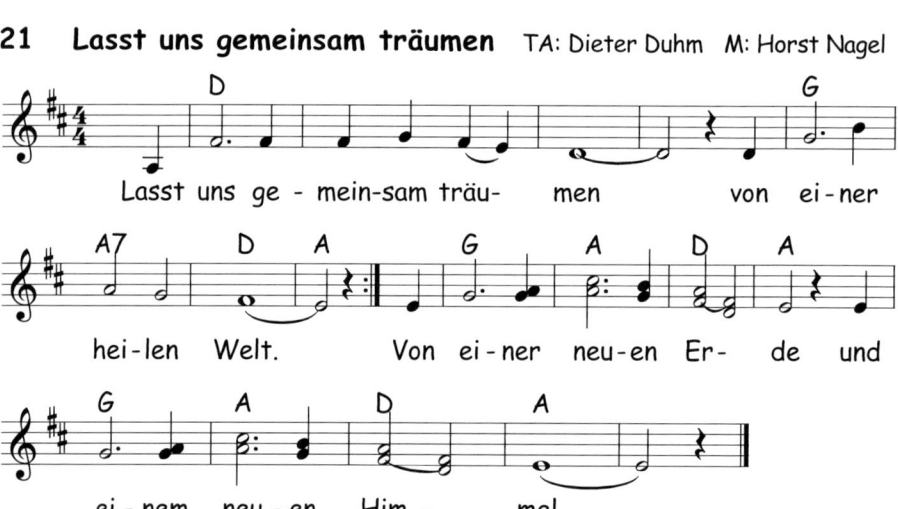

Lasst uns ge - mein-sam träu- men von ei - ner

hei-len Welt. Von ei - ner neu-en Er- de und

ei - nem neu - en Him - mel.

22 Alles ist in Harmonie

T & M: Horst Nagel

Al-les ist in Har-mo-nie, im Strom der Lie-be

stürz` ich nie. Ich lieb` mich, wie ich bin,

werd` ge - liebt so wie ich bin:

Al-les ist in Har-mo-nie.

III

Singe, tanze, fühle, lebe

Bleibe in Bewegung.
Lasse dich bewundern.
Sei stolz auf deine Sensibilität.
Setze dich trotzdem durch.
Traue dich, deine Meinung zu äußern.
Entdecke deine Welt.

Singen und tanzen sind Medizin für Körper, Geist und Seele, dies vermitteln die Berichte und Rituale der Urahnen überall auf der Erde.
Musizieren in einem Kreis von Gleichgesinnten verbindet die Menschen mit sich selbst, mit anderen, mit der Natur und mit dem Kosmos. Durch die dabei ablaufenden gruppendynamischen Prozesse verstärkt sich der Heilungsprozess.

Wenn man als Gruppe gemeinsam singt, kann man miteinander schwingen. Schwingen lockert Burnoutkrusten und macht sie erfassbar für Heilungsstrukturen.
Aber auch wenn du alleine tanzt, hilfst du mit, Burnoutschlacken zu entfernen, damit dein Körper und du wieder in Harmonie kommen können.

Lasse deine leistungsorientierte, perfektionistische Seite, die dir letztendlich von außen aufgedrängt wurde, los, und öffne dich etwas Neuem. Finde singend und tanzend deinen Weg, welcher für dich stimmig ist. Folge der Richtschnur deines Herzens!

23   When I dance   T: Nora Naranjo-Morse   M: Horst Nagel

When I dance, when I dance I am whole, I am free, when I

dance, when I dance I am cen - tered. He-ya he-ya ho,

he-ya he-ya! He-ya he-ya ho, he-ya he-ya!

Wenn ich tanze , dann bin ich ganz, dann bin ich geborgen.
Wenn ich tanze, dann finde ich meine Mitte.

24   Just like the trees   Text-Anregung: Osho   M: Horst Nagel

Just like the   trees dance in the   wind,

ev'-ry   heart re-joi- ces   a - gain.

Just   as the sun gives   life to   earth,

ev' -ry heart be - gins to   sing.

Wie die Bäume im Wind tanzen, so erfreut sich jedes Herz.
So wie die Sonne der Erde Leben spendet, so beginnt jedes Herz zu singen.

25 Epo i tai tai

Melodie in der Unterstimme

Lied von den Maori

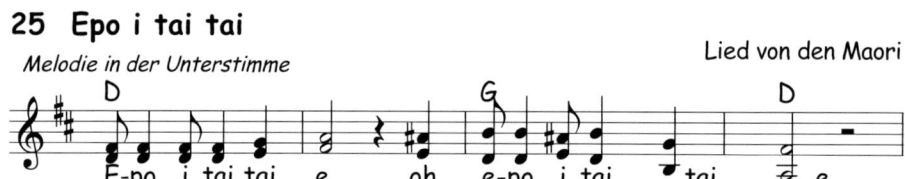

D G D
E-po i tai tai e, oh e-po i tai tai e.
h e A7 D
E-po i tai tai e-po i tu-ki tu-ki e-po i tu-ki tu-ki e.

Maori: Die große Flut kam, aber wir sind alle davongekommen.

Lasse dich anstecken von dieser Freude.
Auch du wirst deinen Burnout besiegen - und davonkommen.

26 Leben ist jetzt

T & M: Horst Nagel

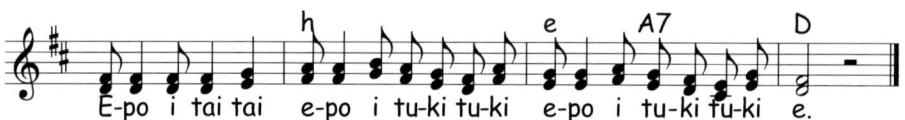

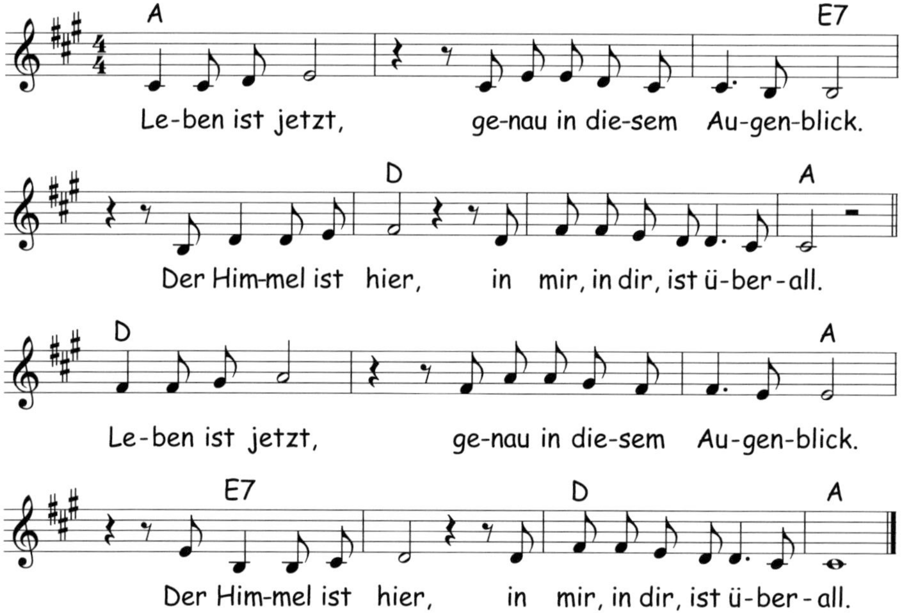
A E7
Le-ben ist jetzt, ge-nau in die-sem Au-gen-blick.
D A
Der Him-mel ist hier, in mir, in dir, ist ü-ber-all.
D A
Le-ben ist jetzt, ge-nau in die-sem Au-gen-blick.
E7 D A
Der Him-mel ist hier, in mir, in dir, ist ü-ber-all.

27 Ich trage Blumen im Haar

T & M: Horst Nagel

Ich tra-ge Blu-men im Haar, ich tra-ge Blu-men im Haar.

Du spürst die Mu-scheln im Sand, du spürst die

Mu - scheln im Sand. Wir dan-ken dir,
für dei - ne Schön - heit

dir Mut-ter Er - de, Wir dan-ken dir, Gro-ßer Geist,
all - ü - ber - all - . Wir fei-ern dich, Gro-?er Geist,

wir dan - ken dir, Gro - ßer Geist.
wir fei - ern dich, Gro - ßer Geist.

28 Unser Leben ist ein Fest

T & M: Horst Nagel

Un-ser Le-ben ist ein Fest, uns-re Her-zen öff-nen sich, uns-re

Fül-le bricht her - vor, wan-delt Le-ben in ein Fest.

29 Wakanka Tanka

Indianisches Lied

Wa - ni- wa - chi - a - lo.   Wa - kan- ka Tan - ka.

Wir ehren dich, du großer Geist.

*Der große Geist ist für Indianer der unbegreifliche Schöpfungsgott,
dem man vertraut.*

30 Hey Nikiti Hey Wa Na

Indianisches Lied

Hey Ni-ki-ti   Hey Wa Na,   Hey Ni-ki-ti   Hey Wa Na

A-sey Wa Na   Hey Wa Na,   A-sey Wa Na   Hey Wa Na.

*HEY NIKITI HEY WA NA ist ein indianisches Anfeuerungslied für Spieler.
Du hast richtig gelesen: "Spieler".
Da für Indianer alles göttlich ist - Menschen und ihre Tätigkeiten,
das Leben der Natur mit allen Auswirkungen etc. - ,
sind es auch Spieler. So kann dich dieses Lied anfeuern,
wieder mit deinem Körper und Geist in Harmonie zu kommen,
d. h. dich vom Burnout zu befreien.*

IV

Singe und tanze die Weisheit des Ostens

Ganesha ebnet deinen Weg.
Shiva öffnet dein Herz.
Krishna stärkt deine Lebensfreude.
Hanuman, der Heiler, steht bereit.

Mantras aus dem Hinduismus sind fester Bestandteil vieler spiritueller Singkreise.
Von den drei hinduistischen Hauptgöttern erfahren zwei eine besondere Wertschätzung:

Shiva zeigt den Weg vom ego-beherrschten Verstand hin zum intuitiv erkennenden Herz. Er löst Energieblockaden, die jeder Krankheit - auch dem Burnout - zugrunde liegen. Man stellt sich ihn als Zerstörer von Schlechtem vor, der dadurch Platz schafft für Neues und Besseres. Die Shiva-Energie zerstört deine Unwissenheit, die dir das Burnout gebracht hat.
Der Beiname *Shamboo* für Shiva besagt, dass er dich glücklich - also gesund - machen will.

Krishna (bzw. Gopala oder auch Govinda) steht für die Aspekte Lebensfreude und Leichtigkeit des Seins.
Er lehrt uns die Liebe zum Leben und damit die Liebe zu allem, was uns die Welt an schönen Dingen bringt. So dürfen wir durchaus genießen und dürfen in diesem Sinne - wie es Nelson Mandela formuliert- unser Licht leuchten lassen. Wir dürfen gesund sein an Körper, Geist und Seele.

Singen und tanzen wir uns gesund.

Ich habe bewusst mehrere Mantras zur Shiva-Energie in dieses Liederbuch aufgenommen. Wenn dir Shiva hilft, Altes und Krankmachendes zu beseitigen, dann liegt es an dir - wie in Lied 34 vorgeschlagen - , Wahrheit, Einfachheit und Liebe zukünftig in dein Leben zu integrieren. Sie sind wichtige Voraussetzungen für ein menschliches Antlitz der Welt. Zur Einfachheit gehört der bewusste und verantwortungsvolle Umgang mit der Lebensenergie, also eine Abkehr vom „Schneller, Höher, Reicher etc.", eine Abkehr vom Raubbau am eigenen Geist und Körper.

31   OM Namah Shivaya

Traditionell aus Indien

OM na-mah Shi - va - ya   OM na-mah Shi - va - - - ya

OM na-mah Shi - va - ya   Shi-va OM na - mah. Ha-ri mah.

Ich verneige mich vor Shiva. Herr, Dein Wille geschehe! OM dem Gott !

Die Shiva-Energie öffnet dein Herz. Sie löst Energieblockaden,
die jeder Krankheit - auch dem Burnout - zugrunde liegen.
Stelle dir Shiva als Zerstörer von Schlechtem vor,
der dadurch Platz schafft für Neues und Besseres.

32   Shiva, Shiva Shamboo

Traditionell aus Indien

Shi-va Shi-va Shi-va Sham - boo   Shi-va Shi-va Shi-va Sham -

boo   Ma-ha-de-va Sham - boo   Ma-ha-de-va Sham - boo.

Ma-ha-de-va Sham - boo.

Shiva, du bist der Gott, welcher glücklich macht (=Shamboo).
Du bist der große Gott (=Mahadeva)

33 Truth, simplicity and love

Traditionell aus Indien

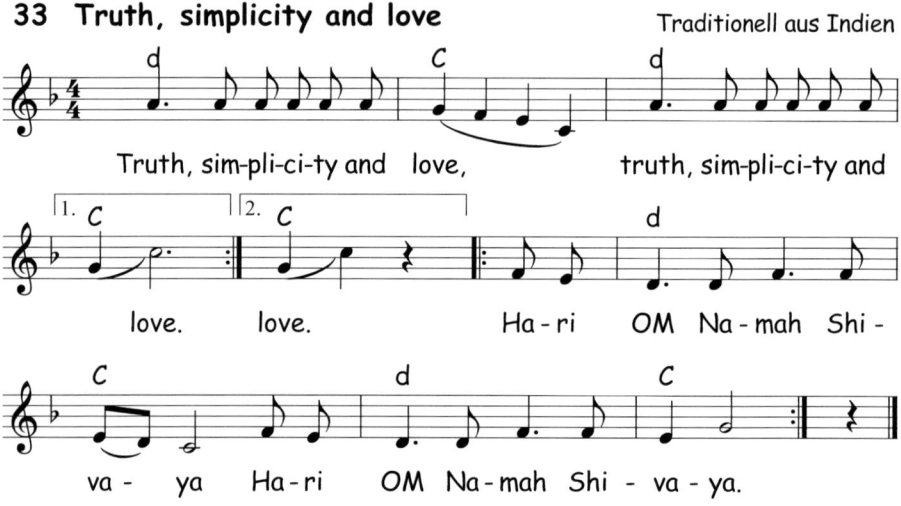

Truth, sim-pli-ci-ty and love, truth, sim-pli-ci-ty and love. love. Ha - ri OM Na - mah Shi - va - ya Ha - ri OM Na - mah Shi - va - ya.

Wahrheit, Einfachheit und Liebe. Ich verehre Shiva.

34 Jay Ganesha, Ganesha Sharanam

T & M: Rainer Gopaldas Wyslich

Jay Ga-ne-sha Ga- ne-sha Sha-ra-nam Jay Ga-ne-sha Sha-ra - nam. Ja - ya Shi - va Ja-ya Par - va - ti Ja-ya Shi-va Par-va - ti.

Heil für Ganesha, den Beschützer! Lobpreis seinen Eltern Shiva und Parvati!
In Indien wird Ganesha zu Beginn von etwas Neuem angerufen.
Er schützt uns und wird geschätzt als Beseitiger von Hindernissen.
Und da gibt es etliche beim vom Burnout betroffenen Menschen.
Man bittet ihn um seinen Segen. Lasse dir von Ganesha helfen, falls du willenlos
bist, erste Schritte zur Heilung vom Burnout zu tun.

35 OM Sharavana

T: Traditionell   M: Horst Nagel

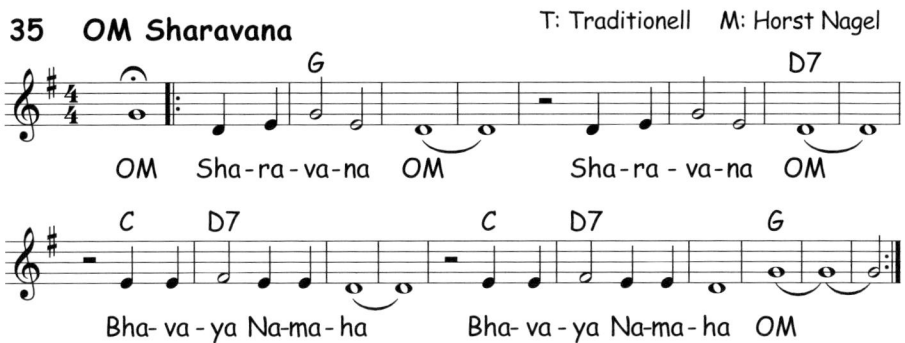

OM   Sha-ra-va-na   OM   Sha-ra - va-na   OM

Bha- va - ya Na-ma-ha   Bha- va - ya Na-ma-ha   OM

Heil dir, du Sohn des Shiva, der du Glück verheißende Umstände mit dir bringst!

*Die Energie Sharavana hilft uns, Entschlusskraft, Standhaftigkeit
und Gesundheit zu stärken. Außerdem soll sie helfen, sensibel zu sein
für das Herannahen von Gefahren, z. B. eines Burnouts.*

36 OM Shri Hanumate Namaha

T: Traditionell   M: Horst Nagel

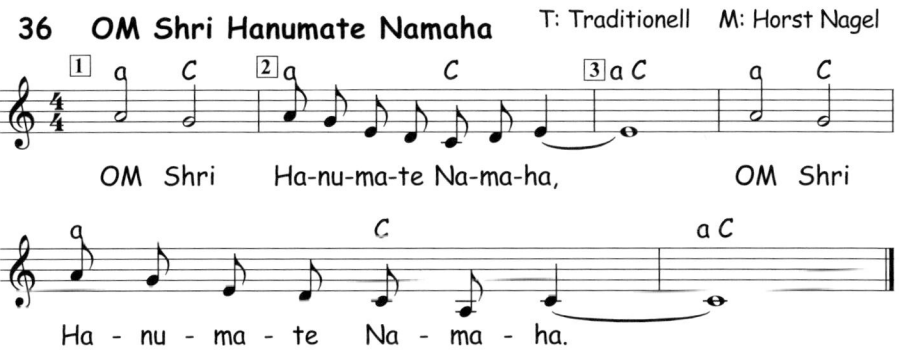

OM   Shri   Ha-nu-ma-te Na-ma-ha,   OM   Shri

Ha - nu - ma - te   Na - ma - ha.

Heil sei dem ehrwürdigen Hanuman! Ich verbeuge mich vor Hanuman!

*Hanuman steht im Zusammenhang mit der Rama-Energie. Er stellt
eine große Heilerenergie dar, welche du für dich anzapfen kannst.*

37 Gopala Gopala
Traditionell aus Indien

Go-pa-la   Go-pa-la   De-va-ki-nan-da-na   Go-pa-la.

De-va-ki-ki-nan-da-na   Go-pa-la   De-va-ki-nan-da-na   Go-pa-la.

Gopala, Sohn von Devaki (= Krishnas Mutter)!

Die Gopala-Energie lehrt uns die Liebe zum Leben und damit die Liebe zu allem, was uns die Welt an schönen Dingen bringt. So dürfen wir durchaus genießen und dürfen unsere Freude an Heilungsfortschritten offen zeigen und feiern.

38 Hare Krishna
Traditionell

Ha-re Krish-na, Ha-re Krish-na, Krish-na Krish-na, Ha-re Ha-re.

Ha-re Ra-ma, Ha-re Ra-ma, Ra-ma Ra-ma, Ha-re Ha-re.

Ich huldige Krishna, der mein Herz in Besitz nimmt.
Ich huldige Rama, der mich mit unendlicher Freude erfüllt.

Die Rama-Energie stärkt unseren Willen und unsere Entschlusskraft, wieder gesund zu werden.

39 Krishna Yadavaya

T: Traditionell   M: Horst Nagel

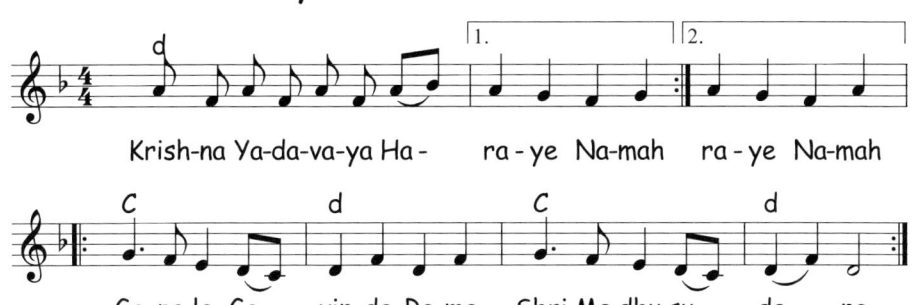

Krish-na Ya-da-va-ya Ha - ra-ye Na-mah   ra-ye Na-mah

Go-pa-la Go- vin-da Ra-ma   Shri Ma-dhu-su - da - na

Ehrerbietung an Hara, den Krishna aus dem Yadava-Klan,
der auch Gopala, Govinda, Rama und Shri Madhusudana ist.
So wie Krishna viele Namen besitzt, bist auch du ein Mensch mit vielen
Facetten, sei es deine Herkunft, deine Ausbildung, dein Können,
auf die du stolz sein kannst.
Bitte iKrishna um die "Leichtigkeit des Seins".

40 Shri Ram Jay Ram

Traditionell

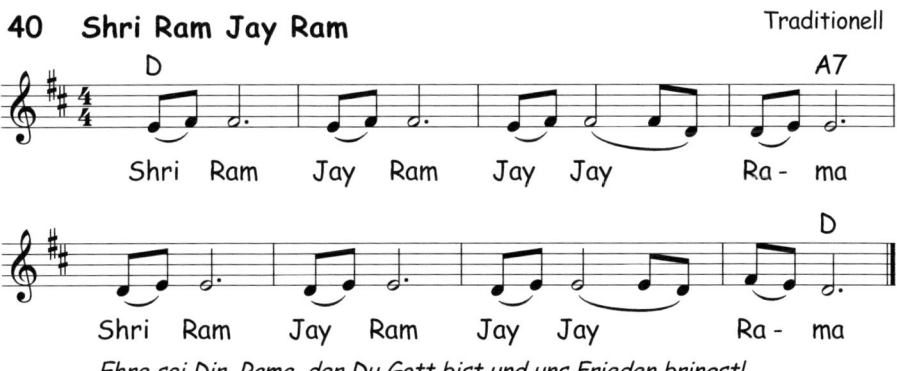

Shri   Ram   Jay   Ram   Jay   Jay   Ra - ma

Shri   Ram   Jay   Ram   Jay   Jay   Ra - ma

Ehre sei Dir, Rama, der Du Gott bist und uns Frieden bringst!

Die Rama-Energie stärkt unseren Willen , wieder gesund zu werden.
Gandhi, der Befreier Indiens vom Kolonialjoch,
betete dieses Mantra jeden Morgen.
Befreie auch du dich von deinem Burnout-Joch !

41 Aad Gureh Nameh

Traditionell von den Sikhs

Aad   Gu-reh na - meh, Dschu - gaad   Gu-reh Na - meh,

Sat Gu-reh Na - meh Si-ri Gu-ru De - veh Na - meh.

Die Sikhs (Hindi: Schüler) sind eine muslimische Gruppe aus Indien.
Ihre Sprache, das "Gur Mukti" wird nicht mehr gesprochen.
Den Sikhs werden Toleranz und Nächstenliebe nachgesagt.
Dieses Mantra dient dazu, sich in seine eigene Seele zurück zu verankern
und einen sicheren Raum zu schaffen im Inneren wie im Äußeren.
AAD GUREH NAMEH ist ein ideales Mantra, die Heilungsfortschritte
von deinem Burnout im Inneren und Äußeren zu festigen.

V

Singe der Großen Mutter

Sie gibt dir Geborgenheit.
Sie ist die schöpferische Kraft.
Alle Kulturen und Religionen ehren sie.
Du bist nicht allein.
Lasse dich beschützen.

Die göttliche Mutter, die Große Mutter, ist das weibliche Prinzip, welches in allen Kulturen verehrt wird/wurde. Das weibliche Prinzip sollte auch in unserer männlich orientierten westlichen Welt gespürt und gelebt werden.

Ein Ungleichgewicht verhindert, dass wir uns als ganzer Mensch erfahren können. Auch dadurch wird ein Burnout genährt.
Dass man beide Energien respektieren und in sich entwickeln lassen muss, ist bereits in der hinduistischen Tradition dokumentiert. Kali, Durga, Mata, Parvati sind Beispiele dieser schöpferischen Kraft. Sie führen zurück zur Quelle und wecken unsere Lebensfreude und Vitalität, also den gesunden Zustand vor dem Burnout.

42 Jaya Jaya Devi Mata

Traditionell aus Indien

Ja-ya Ja-ya De-vi Ma-ta Nam - a - ha.

Ja-ya Ja-ya De-vi Ma-ta Nam - a - ha.

Sieg der großen Muttergöttin, ich verneige mich vor ihr.

*An Stelle von Muttergöttin kannst du auch Große Göttin oder Große Mutter
oder Göttliche Mutter sagen. Ihr Hauptanliegen ist es, uns zur Quelle der Kraft
zurückzuführen und damit unsere Lebensfreude und Vitalität zu erwecken.*

43 OM Kali OM Mata

Traditionell aus Indien

OM Ka - li OM Ma - ta   Dur-ge De-vi Na-mo Nam-a-ha.

Shak-ti Kun-da-li - ni   Ja-ga-dam-be Ma-ta.

Shak - ti Kun - da - li - ni   Ja - ga - dam - be Ma - ta.

*Ehre sei Kali, Ehre sei der Großen Mutter, dem Ursprung allen Lebens.
Wecke meine weibliche Kraft (= Shakti kundalini), große Weltmutter!
In den Veden, den alten heiligen Büchern des Hinduismus, werden immer
Götterpaare verehrt. Eine männliche Energie allein ist unvollständig.
Gestatte dir die Ganzheit, d.h. akzeptiere beide Energiearten.
Sie ergänzen sich, und sie machen dich ganzheitlich, ausgeglichen.*

44 Uma Parvati Ananda Ma

Traditionell aus Indien

Ich verehre die göttliche Mutter in all ihren Formen und Heilweisen.

So darf mich Parvati, deren "Heimat" der Himalaya ist, zu Fernreisen locken.
Kali darf mich erfreuen mit neuer Leidenschaft und Kraft.
Durga darf mich beschützen, indem sie mir rechtzeitig die Augen öffnet,
so dass ich keinem weiteren Burnout erliege.

45 OM Tare Tam So Ha

Traditionelles buddhistisches Mantra

O Tara, wir sind eins!

Tara ist die Muttergottheit im Buddhismus, welche den Menschen hilft,
den guten Weg des Lebens - und der beinhaltet auch deine
Gesundheit - zu gehen.
Tara bedeutet wörtlich: die Retterin.

46 Namo Kwan Shi Yin

T: Traditionell   M: Horst Nagel

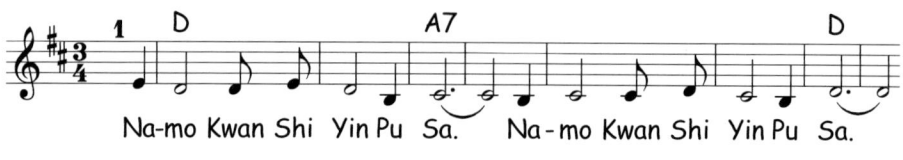

Na-mo Kwan Shi Yin Pu Sa.   Na-mo Kwan Shi Yin Pu Sa.

O Mond,   o Mond, Kwan Shi Yin, o Mond,   hei-le mich.

Von Kuan Yin (chinesisch: Kwan Shi Yin) bin ich fasziniert.
Sie ist eine Energie, welche das Leid aller Wesen auf sich nimmt und eigene
positive Stärken (von ihrem karmischen Verdienst) auf andere Wesen überträgt.
Wenn du dieses Mantra singst, darfst du dir vorstellen, wie du gesünder wirst.
Die Chinesen verbanden im Altertum den Mond mit der Göttin Kwan Shi Yin.

47 Gegrüßt bist du, Ishtar

T & M: Horst Nagel

Ge - grüßt bist du, Ish-tar,   dei-ne Stim-me ist

wun - der - bar.   Sie er - füllt Zeit und Raum,

und   sie   singt   mei - nen   Traum.

Älter als die indische Große Mutter ist die babylonische Urmutter Ishtar.
Im alten Ägypten wurde sie verehrt als Isis.
Im Christentum nennt man sie später Maria.
Die Ishtar-Energie soll dich erinnern an die uralten Selbstheilungskräfte.
Ich empfehle, es unter freiem Himmel zu singen. Dort ist es auch entstanden.

48 Ave Maria

T & M: Rainer Gopaldas Wyslich

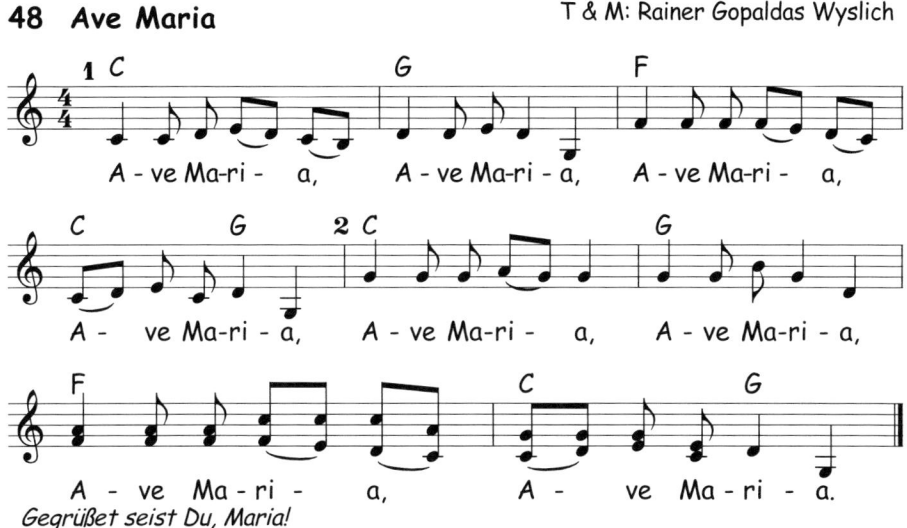

A - ve Ma-ri - a, A - ve Ma-ri - a, A - ve Ma-ri - a,

A - ve Ma-ri - a, A - ve Ma-ri - a, A - ve Ma-ri - a,

A - ve Ma - ri - a, A - ve Ma - ri - a.

Gegrüßet seist Du, Maria!

Beim Singen kannst du dir eine Begegnung mit Maria angesichts eines
Marien-Standbildes vorstellen. Maria ist eine christliche Verbindung
zu Mutter Erde, zu den in dir schlummernden Kräften, denen du vertrauen darfst.

49 Pachamama

T: Traditionell M: Horst Nagel

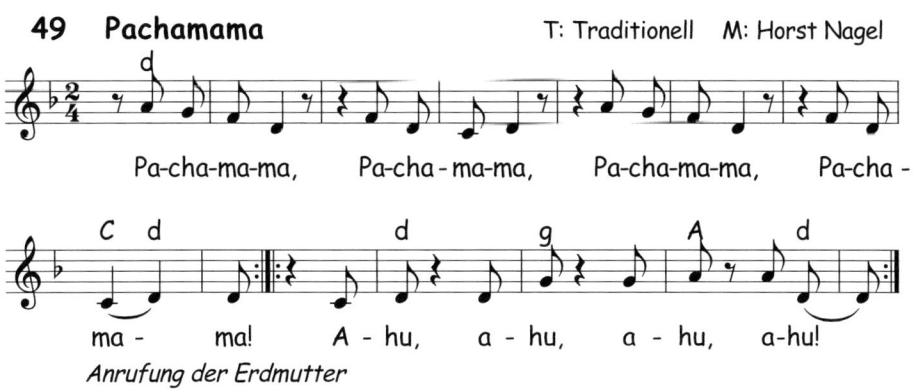

Pa-cha-ma-ma, Pa-cha-ma-ma, Pa-cha-ma-ma, Pa-cha -

ma - ma! A - hu, a - hu, a - hu, a-hu!

Anrufung der Erdmutter

Pachamama wird von den Anden-Indios als Göttin der Erde und der
Fruchtbarkeit verehrt und mit Maria gleichgesetzt.
Verbindest du dich mit der Pachamama-Energie, dann förderst du deine
Selbstheilung. Das ist eine faszinierende Vorstellung.

VI

Singe die Kraft der Natur

Verbinde dich mit den Elementen,
mit den Lebewesen
und mit dem Leben.
Genieße die Natur.
Schaffe dir den Platz, den du benötigst.

Kosmische Kräfte bzw. Energien stehen zur Heilung zur Verfügung, das wussten bereits unsere keltischen Vorfahren. Allerdings wurden ihre Heilerfolge von unserer Schulmedizin als „Wunder" abklassifiziert.

Lerne von den Indianern und anderen Naturvölkern: Sie kannten und akzeptierten die Kräfte, welche das Leben bestimmen, und versuchten, mit ihnen in Harmonie zu sein. Sie waren eins mit dem Universum.
Sie entzogen sich dem krankmachenden Stress, so dass Burnout keine Chancen hatte.

Sie vertrauten der nährenden Kraft von Mutter Erde. Für sie war die freie Natur der beste Tempel. Dort gibt es viele geeignete Plätze für einen Kontakt mit Mutter Erde, um zum inneren Frieden zu gelangen.

Du kannst den Herzschlag von Mutter Erde mit einer Trommel unterstützen. So kommst du in Kontakt mit deinen Ressourcen. So nährst du deine Vitalkräfte und kommst immer stärker in Kontakt mit deiner Intuition.

Wenn wir wieder ein Teil der Sonne, des Mondes, der Planeten und Sterne und der Erde werden, wird sich unsere Kreativität und unsere Selbstheilungskraft verstärken, weil wir uns dann im Fluss des Lebens bewegen.

„Das Leben ist in dir und um dich herum, in den Bäumen, in den Wolken, in den Sternen. Die ganze Schöpfung ist ein Tanz des Lebens." (Osho)

Die Welt ist in Unordnung geraten, du bist in Unordnung geraten. Du vermagst positive Energien dagegenzusetzen, indem du dich bereits an kleinen Dingen erfreust.

So findest du wieder Schritt für Schritt ins aktive Leben zurück. Dort wirst du es dann besser machen, du wirst Stress und Überforderungen rechtzeitig erkennen. Du wirst achtsam und gelassen im Umgang mit dir selbst sein. Du wirst deine eigenen Grenzen wieder mehr fühlen und so verhindern, in Hilflosigkeit zu geraten.

50 Earth am I

Traditionell

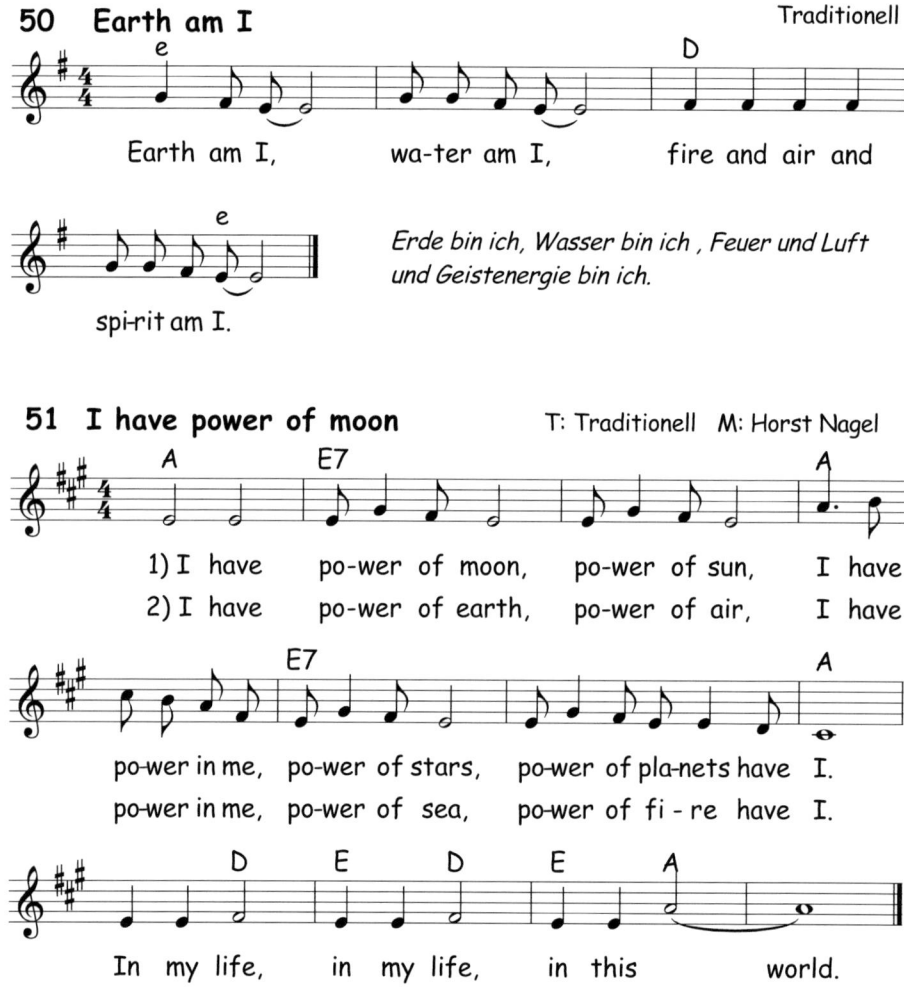

Earth am I,   wa-ter am I,   fire and air and

spi-rit am I.

Erde bin ich, Wasser bin ich , Feuer und Luft
und Geistenergie bin ich.

51 I have power of moon

T: Traditionell   M: Horst Nagel

1) I have   po-wer of moon,   po-wer of sun,   I have
2) I have   po-wer of earth,   po-wer of air,   I have

po-wer in me, po-wer of stars,   po-wer of pla-nets have I.
po-wer in me, po-wer of sea,   po-wer of fi - re have I.

In my life,   in my life,   in this   world.

Ich besitze die Kraft des Mondes und der Sonne, ich bin voller Kraft,
ich besitze die Kraft der Sterne und der Planeten - in meinem Leben in dieser Welt
Ich besitze die Kraft der Elemente: Luft, Erde, Wasser und Feuer - hier im Jetzt.

Schon unseren uralten Vorfahren war bewusst, dass uns Naturkräfte zur
Verfügung stehen, die wir zu unserem Wohlbefinden einsetzen können.
Schiebe deine Skepsis beiseite. Rufe den Lebensstrom, der durch die Elemente
fließt, herbei. Nimm die Kraft, die in ihm liegt, auf und nutze dies für deine Heilung.

52 Return, return

Traditionell

Re - turn, re-turn, re - turn, re-turn, the
earth, the wa - ter, the fi-re and the air.

Kehre zurück zur Erde, zum Wasser, zum Feuer und zur Luft!

Auch dieses Mantra rät dir, spüre und nimm die Essenz der Elemente auf, damit du zu dir, d. h. zu deinem Ursprung, deiner Quelle des Wohlbefindens zurückkehren kannst: zur Zeit vor dem Burnout, zur Zeit deines seelischen Gesundseins und Glücklichseins.

53 Behind all tears

T & M: Horst Nagel

Be - hind all tears there is po-wer of life.
Be - hind all sad - ness there is
po - wer of life. of life.

Hinter allen Tränen und aller Traurigkeit befindet sich Lebenskraft.
Wisse darum und erschaffe dir diese dir zustehende Kraft.

54 You can't kill the spirit

Autor unbekannt

You can't kill the spi- rit, she is like a moun-

tain, old and strong, she goes on and on and on.

Du kannst den Schöpfergeist/ Schöpfungsplan nicht töten. Er ist alt und beständig wie ein Gebirge und währet ewiglich.
Im Schöpfungsplan ist verzeichnet, dass du ein glückliches, selbstbestimmtest Leben führen sollst.

55 Spirit of the wind

Traditionell

Spi-rit of the wind car - ry me home,
Spi-rit of the rain, wash a - way my pain,

spi - rit of the wind, car - ry me!
spi - rit of the rain, com - fort me!

Spi-rit of the wind, car - ry me home to my Self!
Spi-rit of the rain, car - ry me home to my Self!

Geist des Windes, trage mich heim! Geist des Windes, trage mich!
Geist des Windes, trage mich heim zu meinem Selbst!
Geist des Regens, wasch ab meinen Schmerz! Geist des Regens, tröste mich!
Geist des Regens, trage mich heim zu meinem Selbst!

56 Where I stand is holy

Traditionell

Where I stand is ho-ly, ho-ly is the ground,

fo-rest, moun-tain, ri-ver, li-sten to the sound.

Great spi-rit cir-cles all a-round me.

Wo ich stehe, ist alles heilig: die Erde, der Wald, die Berge, der Fluss.
Lausche ihrem Klang! Der göttliche Atem hüllt mich ein.

Akzeptiere und nutze für dich und deine Heilung das spirituelle Leben der Natur.
Denn das spirituelle Leben der Natur ist nicht getrennt von deinem Leben.
Unser Leben, dein Leben entsteht von und aus den natürlichen Kräften der Erde.

57 Großer Geist, lass' in mir erblühen

T & M: Horst Nagel

Gro-ßer Geist: Lass' in mir er-blü-hen, Schöp-fer-kraft er-

blü-hen wie im war-men Som-mer-licht

auf-blüht die Na-tur.

VII

Entdecke die Nacht

Spüre die Kraft der Himmelskörper.
Der Mond behütet dich und nährt deine Seele.
Liebe deine Nachtschatten.

Entdecke die Nacht für dich. Wisse, Licht und Dunkel sind zusammengehörende Pole. Das Burnout hat dich in dunkle Nacht ohne erhellenden Mondschein versetzt. Aber der nächste Morgen kommt bestimmt. Nimm die Hilfe des Mondes an und spüre, wie deine Seele genährt wird.

Entdecke die Nacht für dich. Deine Nachtschatten gestatten dir, deine Intuitionen heller und deutlicher zu bemerken. Registriere sie, denn sie sind die Lichtstrahlen am Ende deines Tunnels.
Bei vielen alten Kulturen symbolisiert die Dunkelheit die Keimkraft, die Kraft aus der Erde.

Carlo Zumstein: „Wir sind so geblendet von den Lichtern unserer Zivilisation, dass wir dieses Licht hinter der Finsternis nicht mehr zu erkennen vermögen. Aber wir brauchen es genau so wie das Licht der Sonne."

Wir leben im Kraftfeld dieser beiden Pole. Wenn wir beide Werte schätzen, dann sind wir mit der Lebenskraft des Universums verbunden.

Entdecke die Nacht und würdige deine Nachtschatten.

58 Evening rise
Traditionell

Eve-ning rise, spi-rit comes, sun goes down when the day is done.

Mo-ther Earth a - wa-kens me with the heart-beat of the sea.

Der Abend naht, der spirit kommt. Die Sonne geht unter, weil das Tagewerk beendet ist. Mutter Erde erweckt mich mit dem Herzschlag der Nachtfeuchte.

Die Sonne geht unter. Die Nacht kommt, um dich zu erfrischen.
Deine Seele geht auf Reisen, um sich zu erholen, sich zu nähren.
Vertraue der Nacht, sie bringt dir die Ressourcen zurück, welche du
für deine Heilung vom Burnout benötigst.

59 Songs of the angels
Textanregung: Osho M: Horst Nagel

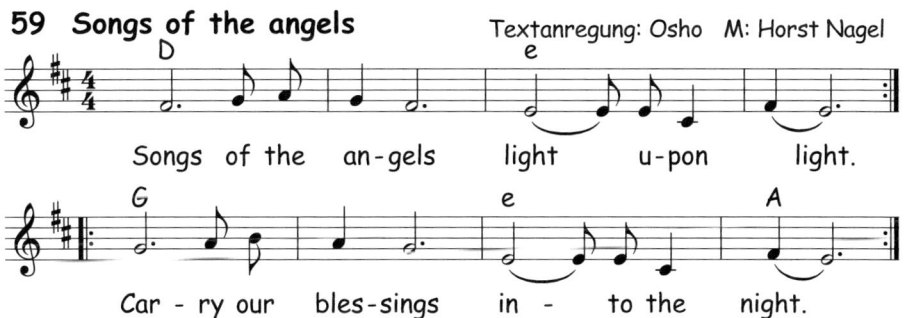

Songs of the an-gels light u-pon light.

Car - ry our bles-sings in - to the night.

Engelsgesänge, alles ist voller Licht
Tragt unsere Segenswünsche in die Nacht.

Vertraue deine Heilungswünsche der Nacht an, auch der Nacht in dir,
weil sich dort deine Selbstheilungskraft befindet, die du aktivieren sollst.

60 Into the silence of the night

T & M: Thunderbird Woman

In - to the si - lence of the night.
In - to the si - lence of the moon.

I am mak - ing my dreams come true.

In der Stille der Nacht, während der Mond scheint,
lasse ich meine Träume wahr werden.
Die Träume, die du der Nacht und dem Mond anvertraust,
sind deine Heilungswünsche. Und die Vorstellung, wie du wieder gesund bist.

61 Full moon, put away my sorrows

T & M: Horst Nagel

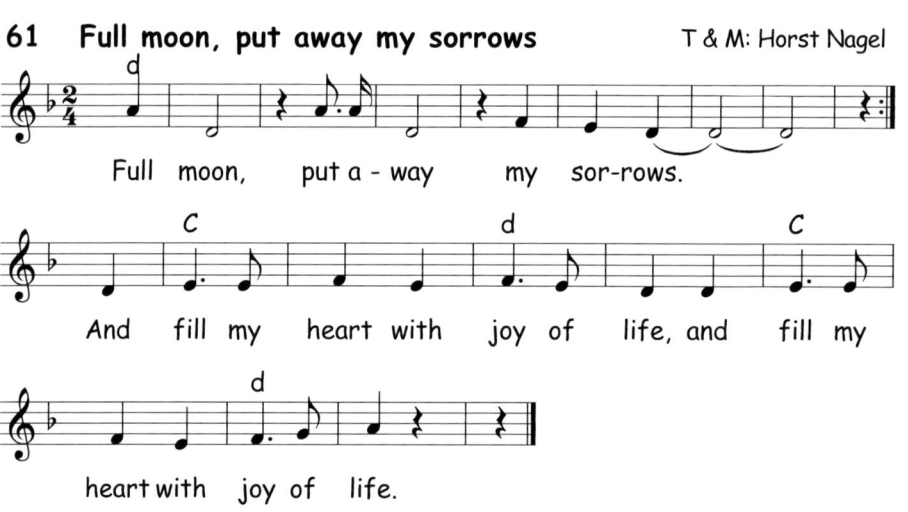

Full moon, put a - way my sor-rows.

And fill my heart with joy of life, and fill my

heart with joy of life.

Vollmond, trage meine Sorgen weg.
Fülle stattdessen mein Herz mit Lebensfreude.

62 Scheinst du in mein Zimmer

T & M: Horst Nagel

Scheinst du in mein Zim-mer, dann scheinst du in mein Herz.

Wel-len dei-ner Lie-be tra-gen mich si-cher wie die

Wel-len des Mee-res ein Boot. Die Wel-len des Mee-res ein Boot.

Mit diesem Lied möchte ich dir die Kraft, Dankbarkeit und Zuversicht des Momentes übermitteln, als ich über einer Arbeit versunken aufschaute, und der Mond mich anstrahlte. In jenen glücklichen Minuten entstand dieses Lied.

63 As the stars in the sky fade away

TA: Osho   M: Horst Nagel

As the stars in the sky fade a - way by the light of the ris-ing

sun. We melt in-to God's love. We love.

So wie die Sterne verblassen, weil die Sonne am Morgenhimmel aufgeht, so schmilzt unsere Disharmonie des Körpers, und wir kehren zurück zur Liebe Gottes, d. h. zurück in die spirituelle Kraft des Lebens.

Und dann kommt ein neuer Morgen für dich, eine neue Zeit ohne Burnout. Hege dieses Gesundsein mit der Kraft der Nacht, mit deiner Intuition.

VIII

Singe der Liebe

Glaube an die Liebe.
Liebe ist die Antwort auf alle Fragen.
Du bist auf der Welt um zu lieben.
Wie eine Blume Sonne benötigt, braucht jeder Mensch Liebe.
Lebe für die Liebe, lebe für die Freude.

Singe der Liebe, sage „Ja" zur Liebe. Vertraue deinen Fähigkeiten. Deine Selbstliebe steigert dein Selbstwertgefühl. Sie hilft dir, die Gestaltung deines Lebens in deinen Händen zu halten. Mantras helfen dir, Selbstzweifel zu verscheuchen und stattdessen positive Wertschätzungen zu verankern.

Singe der Liebe und du wirst spüren, wie sich dein Herz öffnet. Habe wieder den Mut, dich dem Leben zu öffnen. Aus den Erfahrungen mit deinem Burnout kannst du lernen, das Risiko zu erkennen, von anderen benutzt und verletzt zu werden. Du kannst lernen, mit deinem liebevollen Herzen zu erkennen, welche deiner Tätigkeiten dir, deinem Körper, deiner Seele und damit deinem Leben dienen.

64 Glaube an die Liebe TA: Sun Bear   M: Horst Nagel

Glau-be an die Lie-be,   Mut-ter Er-de,   Va-ter Him-mel

lie-ben   dich.   Glau-be an die Schön-heit,

Mut-ter Er-de   ist voll Schön-heit   ü-ber- all.

65 Liebe ist die Antwort TA: Drunvalo M: Horst Nagel

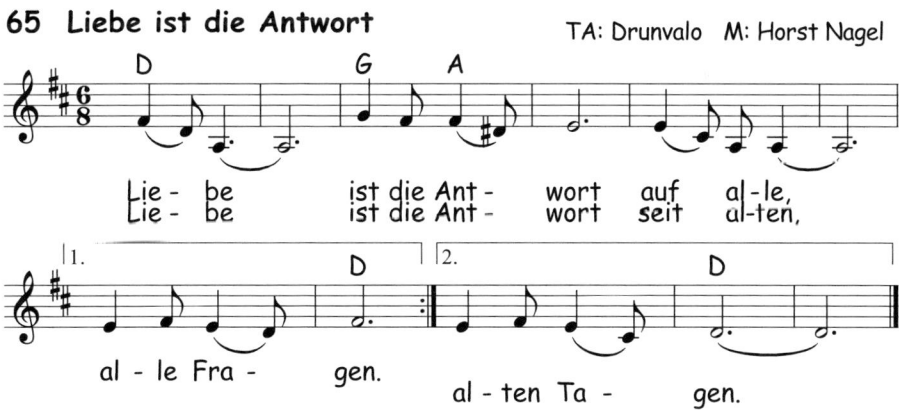

Lie - be   ist die Ant -   wort   auf   al -le,
Lie - be   ist die Ant -   wort   seit   al-ten,

al - le Fra -   gen.   al - ten Ta -   gen.

66   Ich bin auf der Welt um zu lieben   TA: Deepak Chopra
M: Horst Nagel

Ich bin auf der Welt, um zu lie - ben. lie - ben; um

mei - ne Wahr - heit zu le - ben, um le - ben.

67 Eine Blume braucht Sonne   TA: Phil Bosmans   M: Horst Nagel

Ei-ne Blu-me braucht Son - ne,   um Blu-me zu

wer - den.   Und ein Mensch, der braucht Lie - be,

um ein Mensch zu wer - den.   sein.

*Ein bisschen Liebe kann wie ein Tropfen Wasser sein,
der einer Blume die Kraft gibt,
sich wieder aufzurichten.
Ein bisschen Liebe kann einen Menschen heilen.
Einen Menschen heilen heißt ihm helfen,
den verlorenen Mut zurückzufinden. (Bosmans)*

68 Lebe für die Liebe

TA: Osho   M: Horst Nagel

Le-be für die Lie-be,   le-be für die Freu-de,

le - be für die Ek - sta - se.

Eh - re dein Le - ben,   eh - re dein Le - ben!

69 Love can make me dance

TA; Osho   M: Horst Nagel

Love   can make me dance.   Love   can make me high.

Love   can make me see.   Ev'ry   thing is al - right.

Liebe darf mich zum Tanzen bringen und darf mich high werden lassen.
Liebe darf mich erkennen lassen, alles ist in Ordnung.

Mein Körper und meine Seele dürfen gesunden, dürfen vom Burnout
geheilt werden.   Ich vertraue und ehre meinen Körper.

70 Ich glaube, sagt die Liebe
T: Aus dem Internet   M: Horst Nagel

Ich glau-be, sagt die Lie-be. Ver-trau-e, sagt die Lie-be. Ich
lie-be, sagt die Lie - be. Komm, sagt die Lie-be in mir.

71 Jeder Augenblick lässt dich hören
TA: Rumi   M: Horst Nagel

Kapo 2

Je-der Au-gen - blick lässt dich hö - ren den Ruf der
Lie - be. Öff-ne dei-ne Tür und fol-ge
dem Ruf der Lie - be.

Der Ruf der Liebe, ist der Ruf deines Geistes, ist der Ruf deines Körpers:
Lasse nicht nach, du hast das Vermögen, wieder gesund zu werden.
Der Ruf der Liebe: Öffne dich dem Leben, gesunde an Körper und Geist.

72 Isqh Allah Mahbud Lillah

Traditionell

Isqh Al-lah Mah - bud Lil - - lah, Isqh Al-lah Mah-bud Lil - lah.

God is love, lo-ver and be-lo- ved, love, lo-ver and be -

lo -ved. I am love, lo -ved.

Gott ist Liebe, Liebender und Geliebter.
Ich bin Liebe, Liebender und Geliebter.

Dieser Mantratext ist in vielen Religionen und Sprachen vertont worden.
Neben arabisch und englisch - wie im von mir ausgewählten Lied -
auch in Sanskrit, deutsch , spanisch u. a. m.
Daraus resultiert die Kraft dieses Liedes.

Der erste Mantrateil repräsentiert - schwungvoll gesungen - das aktive Leben
in der Welt bzw. in deinem Tag.
Der zweite Teil führt dich in dein Inneres, in deine Nacht.
Dort wirst du regeneriert, so dass dein neuer Tag wieder voller Elan sein kann.

IX

Träume und singe von Frieden und Freiheit

Fühle dich frei wie der Adler in der Luft.
Verlasse dein Schneckenhaus.
Träume den Frieden in dir, um frei zu werden.

Träume und singe von Frieden und Freiheit. Dazu gehören Versöhnung und Vergebung. Gehe nicht hart mit dir um, gewinne deine Leichtigkeit und Souveränität zurück, finde wieder deine Balance, deinen äußeren und inneren Frieden.

Luise Rinser: „Der innere Friede, das ist etwas anderes als Zufriedenheit. Der innere Friede, das ist das Licht, das uns inmitten unseres Elends und unserer Schuldhaftigkeit die Ahnung von einer erdumfassenden Liebe gibt."

73 Frei wie der Adler

T & M: Horst Nagel

Frei wie der Ad - ler am Him-mel schwebt. schwebt.

Ge - bor-gen im Horst. Ge - bor-gen und frei schau' ich

Got-tes schö-ne Welt. Got-tes schö-ne Welt.

74 May peace fill your soul

T & M: Horst Nagel

May peace, may peace, may peace fill your soul!

Let peace, let peace, let peace make you whole!

Möge Frieden deine Seele erfüllen.
Lasse Frieden dich ganz werden.

Ein wichtiger Baustein zum Heilwerden ist der innere Frieden.
Er hilft dir, den Burnout zu besiegen.

75 Mein Leben ist ein Lied

T & M: Horst Nagel

Mein Le-ben ist ein Lied, es wird von Gott ge-sun-gen. Mein

Le-ben ist ein Lied mit sü-ßer Me-lo - die.

Nelson Mandela sagte des weiteren in seiner berühmten Rede:
Wir sind nicht auf der Welt um zu leiden, sondern um glücklich zu sein.
Das ist die süße Melodei: Weg mit aller Schwermut, weg mit dem Burnout!

76 Let's see a world in a grain of sand

Text-Anregung:
William Blake
M: Horst Nagel

Let's see a world in a   grain of sand and a   hea-ven in a wild

flo-wer.   Hold in - fi - ni - ty in the   palm of your hand and e -

ter-ni-ty in an   hou-r.   hour.

Man kann die Welt in einem Sandkorn und den Himmel in einer Wildblume sehen.
Unendlichkeit kann man in der Handfläche halten
und Ewigkeit in einer Stunde erkennen.

77 Spread your wings

TA: Osho   M: Horst Nagel

Spread your wings: fly a while, spread your wings: look to the sky, spread your wings: don't stop to fly in the o-pen sky of e - ter-ni-ty.

Entfalte deine Flügel, fliege! Der Himmel ist dein Ziel.
Höre nicht auf, fliege in den offenen Himmel der Ewigkeit!

Dein Himmel ist die Befreiung vom Burnout.
Lasse nicht nach und fliege der Gesundheit entgegen.

78 Singt den Frieden auf die Erde

T & M: Horst Nagel

Singt, singt den Frie-den auf die Er-de, singt, singt den Frie - den in die Her - zen, singt, singt den Frie-den in die See-len, singt das Lied vom Glück-lich-sein.

X

Danke deinem Leben

Fühle dich angenommen auf der Erde.
Lasse dein Licht erstrahlen.
Lasse dein Licht den Burnout überstrahlen.
Sei furchtlos. Vertraue dir.
Du bist dein bester Freund.
Erkenne alles an, so wie es ist.
Öffne dein Herz.

Es ist leicht dankbar zu sein, wenn im Leben alles ohne große Probleme abläuft. Weitaus schwieriger wird es, seine Dankbarkeit auch dann noch zu zeigen, wenn negative Gefühle wie Enttäuschung oder Verzweiflung über einen Burnout die Oberhand gewinnen wollen. Dankbarkeit zu empfinden und ausströmen zu lassen bedeutet nichts weniger, als stets im Fluss des Lebens, d. h. im Fluss der göttlichen bzw. kosmischen Energie zu sein.

Danke für das Geschenk deines Lebens und fühle wieder die Liebe und das Vertrauen ins Leben und die Existenz.
Danke dafür, in dieser Welt zu sein und sie mitgestalten zu dürfen durch deine Gedanken. Sei voll Staunen über das Wunder dieses lebendigen Kosmos in dir, um dich herum und über dir.

Rupert Sheldrake: „Durch Dankbarkeit können wir in Beziehung zu jenen lebendigen Kräften treten, von denen unser Leben abhängt, und durch Dankbarkeit können wir in den Zustand der Gnade gelangen.“

Setze Vertrauen in die Gnade Gottes, in den Kosmos, in das große Ganze. Du bist verbunden mit allem.
Nelson Mandela: „Unsere tiefste Angst ist nicht, dass wir unzulänglich sind. Unsere tiefste Angst ist, dass wir grenzenlose Macht in uns haben. Es ist unser Licht und nicht unsere Dunkelheit, vor dem wir uns am meisten fürchten."

Deswegen sei furchtlos, du bist nicht alleine. Setze Vertrauen in dich, dann kehrt das Vertrauen in die Welt zurück.
Es ist schön, dass es dich gibt.

79 Sei willkommen auf Erden T & M: Horst Nagel

Sei will-kom-men, auf Er-den sei will-kom-men! Gott Va-ter be -

rührt dich mit sei-nem A-tem, er schenkt dir das Le-ben. Dan- ke.

Der Text dieses Mantras lehnt sich an einen indianischen Text an.
Der Schöpfer - egal wie man ihn sich vorstellt - begrüßt das Einmalige eines jeden.
Er hat jeden Menschen vollkommen geschaffen und wünscht ihn
gesund und achtsam in seinem Leben.

80 Glücklich bin ich, geboren zu sein TA: Osho   M: Horst Nagel

Glück - lich bin ich,   glück - lich bin ich,   ge -

bo - ren zu sein.   Dank - bar bin ich,   dank - bar

bin ich,   ge - bo - ren zu sein.

81 Thank you for the world so sweet

Autor unbekannt

Thank you for the world so sweet; thank you for the food we eat;

thank you for the bird that`s sing; thank you God for ev'-ry-thing.

Danke für diese wunderbare Welt, Danke für die tägliche Nahrung;
Dank für die Vogelstimmen; Danke , Gott, für alles.

82 Großer Gott, Dank für diesen Tag

T & M: Horst Nagel

Gro-ßer Gott, Dank für die-sen Tag. Gro-ßer Gott,

Dank für die-sen Tag! Gro-ßer Gott, Dank für die-sen Tag vol-ler

Lie - be und Licht, vol - ler Freu - de und Kraft.

Dies ist ein Dankeslied für einen besonderen Tag mit einem
wunderschönen Abend oder einem außergewöhnlichen Ereignis.
Nimm die Energie dieses Mantras auf; dieses Lied entstand nach solch
einem wunderschönen Abend

83 We are opening

We are o-pen-ing up in sweet sur-ren-der to the lu-mi-nous love-light

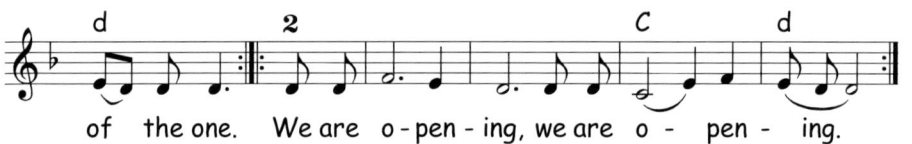

of the one. We are o - pen - ing, we are o - pen - ing.

Wir öffnen uns in süßer Hingabe dem erleuchtenden Liebeslicht des Einen.

*Rainbow-Lieder entstanden seit den 1960er Jahren als spirituell ausgerichtete
Alternative nach dem Flower Power-Festival von Woodstock.
In ihnen kommt u. a. das Sehnen nach Menschlichkeit und nach spirituellem Leben
zum Ausdruck. Einem Leben in einer Arbeitswelt, die zum Burnout führt,
sollte eine Alternative entgegengesetzt werden.*

84 God works in mysterious way

T & M: Horst Nagel

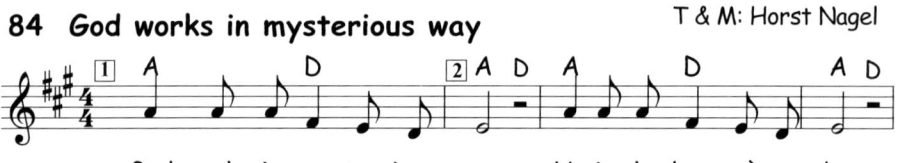

God works in mys-ter-ious way. He is the key ev`-ry - day.

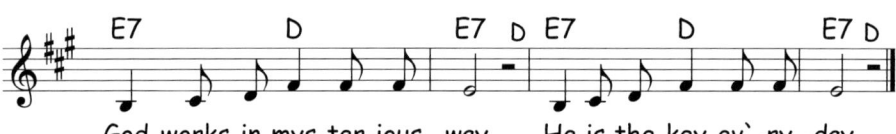

God works in mys-ter-ious way. He is the key ev`-ry - day.

Gott wirkt auf mysteriöse Weise, er hat jederzeit die Übersicht.

*Vertraue dem Kosmos - in dir. Lasse dich überraschen, in welchen
überraschenden Schüben du deinen Burnout entfernst.*

85 The universe is singing its song

TA: Osho   M: Horst Nagel

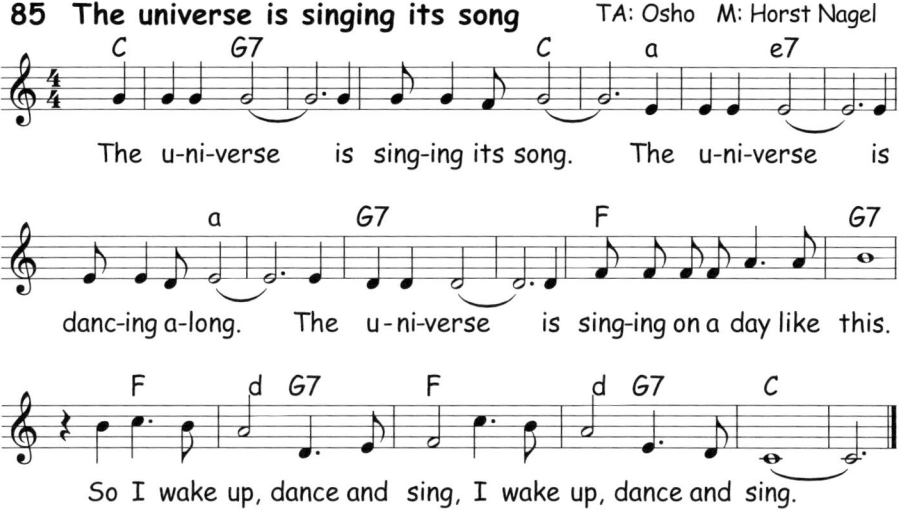

The u-ni-verse   is sing-ing its song.   The u-ni-verse   is
danc-ing a-long.   The u-ni-verse   is sing-ing on a day like this.
So I wake up, dance and sing, I wake up, dance and sing.

Das Universum singt sein Lied, das Universum tanzt unverdrossen.
Das Universum singt jeden Tag, auch an einem Tag wie diesem.
Deshalb wache ich auf, um zu tanzen und zu singen.

Deshalb wache auch du auf, lasse deinen Burnout hinter dir,
freue dich an deinen täglichen Fortschritten, freue dich wieder am Leben.
Tanze und singe dich zurück.

86 Alles ist in Harmonie

T & M: Horst Nagel

Al-les ist in Har-mo - nie.   Al-les ist in Har-mo - nie.
Al-les ist in Har-mo - nie.   Al-les ist in Har-mo - nie.

87 Versöhn' dich mit dem Leben

T & M: Horst Nagel

Ver-söhn' dich mit dem Le-ben, um glück-lich zu sein.

Le-ben, ver - trau - e, ha-be Mut!

88 All this life is a miracle

T & M: Rainer Gopal Das Wyslich

All this life is a mi-rac-le, ev'-ry mo-ment is new.

All this world is a mi-rac-le, all is com-ing from you. you.

We give thanks for be-ing part of your in - fi-ni-ty,

we give thanks for be - ing part of your love.

Das ganze Leben ist ein Wunder, jeder Moment wird neu geschaffen.
Die ganze Welt ist ein Wunder, alles kommt von DIR.
Wir sind dankbar, Teil des Universums und Teil DEINER Liebe zu sein.

Heitere Sprüche

Zum Schluss dieses Liederbuchs füge ich einige humorvolle Sprüche an. Spirituelle Lieder und heiteres Lächeln schließen sich nicht aus. Auch so wird geholfen, bedrückende Gedanken zur Seite zu schieben, weil unsere anstrengende Werte-Welt entlarvt wird.

Musik und Humor sind gute Partner, uns beim Gesunden zu helfen bzw. uns gesund zu erhalten. In diesem Sinne sollen diese nachdenkenswerten Sprüche wirken:

- Es wird immer komplizierter, einfach zu leben.
- Blinder Glaube kann zwar auch Berge versetzen, aber nur an die falsche Stelle.
- Es gibt immer einen Grund zum Lachen: man selbst.
- Die meisten Aufgaben lösen sich von selbst. Man darf sie nur nicht dabei stören.
- Es fällt auch mal ein Meister aus allen Wolken.
- Frei ist, wer will, was er muss.
- Freiheit ist zu tun, was man lassen kann.
- Hast du den Kontakt zur Realität verloren? Keine Angst, die findet dich schon wieder.
- Ich habe geträumt, ich wäre aufgewacht.
- In der Realität ist die Wirklichkeit ganz anders.
- Klüger ist es, offene Türen einzurennen, als mit dem Kopf durch die Wand zu wollen (Gerhard Uhlenbruck).
- Man kann sich das Leben durch zu großen Ernst verscherzen.
- Meditieren ist immer noch besser als rumsitzen und nichts tun.
- Sei glücklich, wenn du nicht unglücklich bist.
- Wenn Gott alles so genau nehmen würde, hätte ER vieles zu tun.
- Wer am Ende ist, kann wenigstens noch mal von vorne anfangen.
- Wer eine Lebensversicherung abschließt, ist schon tot.
- Wer seinen Traum verwirklichen will, muss erst einmal aufwachen.
- Wer zuletzt lacht, hat die Pointe nicht eher verstanden.

Nachwort

Möge dieses Liederbuch aktiv beitragen zur Stärkung deiner Selbstheilungskräfte und damit zu deiner Genesung.

Einige der Mantras dieses Buches basieren, wie dir sicher nicht entgangen ist, auf Texten von Osho, einem spirituellen Meister (1931 - 1990), welchen die englische „Sunday Times" zu den „1000 Machern des 20. Jahrhunderts" zählt. Die Menschen, die ihm in Indien oder Amerika zuhörten oder überall in der Welt immer noch seine Bücher lesen, finden in seinen Worten Anregungen zur Bewältigung ihres Lebens. Das ist um so bedeutsamer, weil unsere ausufernde und strapaziöse Gesellschaft in zu vielen Fällen zum Burnout geführt hat und immer noch führt.

Einer seiner Vorschläge war die Empfehlung zu meditieren. Seine Auffassung von Meditation möchte dem rasanten Tempo einer modernen Lebensweise gerecht werden. So kannst du z. B. die **Mantratexte** dieses Liederbuchs aktiv - singend und tanzend - als Meditationsgegenstand benutzen. Lasse dir auch auf diese Weise helfen bei der Sinnsuche, wie man dem „Besser - Schneller - Erfolgreicher" entgehen kann.

Jedem Kapitel sind positiv beeinflussende Affirmationen voran gestellt. Einige von ihnen verdanke ich der Diplom-Designerin Hanne Kujath. Sie entstammen dem von ihr gestalteten **Anti-Burnout-Kartenset**. Es besteht aus 32 Karten (Format 150 x 105 mm) mit einer illustrativen Vorderseite und einer Affirmation auf der Rückseite. Die Schachtel ist im Handsiebdruck gestaltet. Das Set kostet 26,50 Euro (ohne Versandkosten) und kann über mich bezogen werden.

Danken möchte ich meiner Partnerin Waltraud Kujath für ihre Beratung. Mit ihr zusammen gründete ich das
„Schamanisch-astrosophische Zentrum" in Bad Nauheim
(www.schamastro.de.vu/).

Dort bieten wir Informationen und Hilfe zu Schamanismus und astrosophischen Themen an. Außerdem findest du auf unserer web-Seite Termine für spirituelle Singabende im Raum Bad Nauheim.

Seit über zehn Jahren singe und komponiere ich Mantras, die in bisher zwei Büchern (zusammen mit Liedern anderer Autoren) veröffentlicht sind:
Mantras für die Welt   2006   (Erweiterte Neuauflage 2011)
Mantras für die Neue Zeit   2010

Möge dieses Liederbuch dir zudem helfen, suchende Menschen an spirituellen Singabenden zu treffen, um dich gemeinsam mit ihnen an der Lebensfülle zu erfreuen, die aus einem geöffneten Herzen strömt.

Im Rhein-Main-Gebiet findest du im Internet unter
        www.singkreise-rheinmain.de
viele Angebote. Weitere Angebote, vornehmlich für den süddeutschen Raum finden sich unter
        www.spirituelles-singen.de

Horst Nagel, im Juli 2011

Und ganz zum Schluss:

Indianische Atemtechnik zur Entspannung

- Schließe die Augen und hole siebenmal tief Luft.
- Stelle dir beim Atmen vor, dass die Luft durch die Fingerkuppen einströmt, dann in die Brust aufsteigt, kurz angehalten und dann wieder losgelassen wird
- und wie sie dann beim Ausatmen durch den Rücken, durch die Beine und Füße fließt, bis sie aus den Zehen austritt.
- Am Ende des siebten Atemzuges solltest du entspannt und voller Aufmerksamkeit sein.

Atemtechnik, um Angst loszulassen
(von Doe Lang aus „Geheimnis Charisma")

- Drücke mit dem rechten Daumen auf das rechte Nasenloch und atme durch das linke Nasenloch aus. Stelle dir vor, dass sich deine Angst im All auflöst.
- Dann atme wieder ganz tief durch das linke Nasenloch ein. Insgesamt 26 mal. Stelle dir dabei vor, wie sich dein Gehirn und dein ganzer Körper reinigt.
- Denke dir bei jedem Einatmen, dass du einen neuen Anfang setzt. Du füllst dich mit der ganzen Energie des Universums. Du bist von Energie umgeben und brauchst sie dir nur zu nehmen.